LK 466.

LE CHATEAU D'ARQUES

EN 1847

LE HAMEAU DE POURVILLE

Quand on se repose sous un vieux chêne, il est bon d'évoquer le souvenir des voyageurs qui ont rendu grâce à son ombrage avant qu'on eût fait soi-même le premier pas dans la vie. Il est bon aussi d'interroger sur leur passé les vieilles murailles des châteaux-forts et les grèves de l'Océan, afin d'exprimer sa reconnaissance à ceux qui conservent soigneusement les unes, et de retarder la disparition des pas imprimés sur les autres par quelque personnage célèbre.

ROUEN
IMPRIMERIE DE A. PÉRON
RUE DE LA VICOMTÉ, 55

—

1848

LE CHATEAU D'ARQUES

EN 1847[1].

Une excursion au bourg d'Arques est une chose indispensable, et presque un devoir, pour ceux qui visitent la ville de Dieppe. Quoique tous se dirigent vers le même lieu, tous n'ont pas certainement les mêmes motifs. Les uns, et c'est le plus grand nombre, ne s'y rendent que par désœuvrement, afin de rencontrer de nouveaux arbres, de nouvelles maisons, afin de pouvoir dire : « oui, nous y avons été, nous « avons payé ce tribut qu'Arques prélève sur le temps du voyageur à « Dieppe. » D'autres y sont appelés par le souvenir d'un grand fait d'armes, et par la magie d'un nom fort illustre ; ils y viennent songer au Béarnais, à Sully, à Châtillon, à Caumont-la-Force, à Byron, à tous ces braves qui entouraient Henri IV au champ d'honneur ; ils espèrent apercevoir l'ombre du héros au détour de quelque rue. Ceux-là pensent que la célébrité d'Arques ne date que du 21 septembre 1589 : cependant le château d'Arques a vu Guillaume-le-Conquérant et Richard Cœur-de-Lion ; aussi l'antiquaire y vient étudier le système des fortifications normandes. Ces masses de pierres sont bien accom-

---

[1] Cette notice a été lue par l'auteur à la Séance de la Société française, tenue à Rouen le 14 décembre 1847.

pagnées ; il semble qu'il y ait eu calcul, agglomération de choses curieuses, afin d'attirer les visiteurs ; un admirable paysage, des prairies immenses, une vaste et sombre forêt, un temple aux formes gracieuses, des maisons élégantes du xvi° siècle.

C'est vraiment un acte de civisme que celui qui a soustrait ces ruines à l'avidité de la bande noire. Un service éminent a été rendu non seulement à la Normandie, dont elles sont un des joyaux, mais à la France entière, dont elles sont un des plus beaux monuments historiques ; ces murailles toutes délabrées fournissent une riche matière d'investigations ; les historiens, les archéologues et les peintres ne la visiteront jamais sans fruit. Elles ont eu des jours néfastes, où les hommes s'acharnaient sur leurs pierres ; maintenant elles sont appréciées ce qu'elles valent ; un patronage honorable leur assure de l'avenir ; il les garantit contre la destruction et contre l'oubli presque aussi funeste.

La plume d'un savant antiquaire a fourni des documents précieux sur l'historique du chateau d'Arques, sur les événements importants dont il a été le théâtre, depuis sa fondation par Guillaume de Talou, l'oncle paternel du Conquérant. Quelques lignes sur les soins qu'on lui prodigue depuis plusieurs années, ne sembleront peut-être pas dénuées d'intérêt.

Il y a cinq ans, on gravissait une pente fort raide, après avoir passé entre les débris de l'ancienne porte du *Baile ;* puis l'escarpe en présentait une encore bien plus abrupte.

Un vieux gardien attendait à la porte ; l'espèce d'ermitage qu'il s'était arrangé, présentait quelque chose d'assez original ; en voyant dans cette embrasure ce chassis de fenêtre, et tout auprès, ce siége rustique et ce petit meuble sur lequel il déposait, comme un recueil vénérable, l'*Histoire du château d'Arques* par M. Deville, on pouvait supposer qu'il partageait son temps entre de graves méditations et l'accueil des étrangers. Un petit clocher muni d'une cloche complétait l'illusion ; sonnez, voyageur, voici venir l'ermite........ C'était déjà un retour de vie dans ces ruines, une pulsation dans ce corps inanimé depuis si longtemps. Lorsque le malade, après un sommeil léthargique, vient à faire le moindre mouvement, ceux qui le voient espèrent sa guérison ; toutefois, ce n'est qu'un bien faible indice, mais il n'est pas toujours trompeur.

Aujourd'hui, l'abord du château d'Arques est aplani ; les voitures peuvent y arriver en pente douce ; des arbres sont plantés à droite et à gauche. Faites une halte sur ce gazon si vert, là même où Guillaume de Talou se postait avec ses guerriers pour défier son neveu[1] ; asseyez-vous et prenez vos crayons, si vous êtes dessinateur : si vous ne l'êtes pas, considérez du moins attentivement ces deux tours, que le temps a modelées. Certes il a de l'audace, ce grand artiste, et, quand il frappe, il obtient souvent d'heureux résultats ; il fait mieux que les hommes n'auraient pu faire. C'est le coup d'éponge de Protogène : parfois les artistes, comme le peintre de Rhodes, doivent laisser au hasard le soin de produire de grands effets. Le sommet d'une de ces tours a maintenant quelque ressemblance avec une couronne aigue, celle des rois Lombards. L'autre au contraire a de larges ouvertures, à travers lesquelles l'azur du ciel semble sourire, à travers lesquelles aussi les nuages menacent, quand l'orage s'approche : l'imagination peut voir, dans le feuillage de ces arbres excrus à son sommet, un étendard agité par les brises.

On franchit maintenant le fossé horizontalement, et sur une chaussée de largeur convenable. Plus d'apparence d'hermitage, hormis le petit clocher, qui subsiste toujours. Un concierge a son logement arrangé tout exprès. Vous reconnaissez dans cet homme un ancien militaire ; l'étoile de la légion d'honneur placée sur sa poitrine vous plait ici plus qu'ailleurs : le Béarnais connaissait toute la signification des mots : *Honneur et patrie.* Vous éprouvez une satisfaction véritable, en voyant que ces ruines ne sont plus exposées aux dégradations. Celui qui arrache une seule pierre d'un monument, ou qui porte une main rapace sur le lierre, ornement, et souvent protecteur des ruines, n'est-il pas coupable au même degré que celui qui enlève un feuillet d'un manuscrit original ? Si la conservation des propriétés est légitime et de bon droit, elle devient excellente, et plus qu'excellente, quand ces propriétés n'appartiennent pas simplement à tel individu, ni à telle famille, mais font partie du domaine historique : identifiées à la gloire nationale, elles sont conservées en son nom. Tous les anciens châteaux n'ont pas eu la même chance. Mais que voulez-vous ?

---

[1] *Vie de Guillaume-le-Conquérant* par Guillaume de Poitiers.

Les gouvernants eux-mêmes accordaient le droit de les démolir, et quelquefois la concession se transformait en injonction [1].

Cette cour est débarrassée de ce qui l'obstruait ; on s'y promène à l'aise, sans que le pied heurte des débris ; si l'on veut s'asseoir, on y trouve des bancs. Les souterrains commencent à se déblayer ; il est aisé d'y descendre et d'en examiner la construction.

Les diverses tours ont reçu des noms, elles sont devenues des points de rappel, puis c'est un excellent moyen de mnémoniser les faits. Ces noms de Guillaume d'Arques, de Guillaume Le Moyne, de François Ier, d'Henri IV, etc., comme les fleurs sur les ruines, sèment de la variété sur le champ aride des descriptions architectoniques. Ils fournissent des épisodes ; les touristes en sont heureux ; car ils ressemblent parfois aux convives de madame de Maintenon et désirent quelques histoires. Par suite du déblaiement, vous pouvez entrer dans la tour du *Boulet*, examiner son intérieur, l'appareil de sa construction, son aspect pittoresque et la verdure qui la tapisse. Cet arbre, qui a pris naissance au plus bas de la tour, s'élève audacieusement à travers ses trois étages ; il semble qu'il ait l'intention de prouver la supériorité de la nature sur l'art. Viennent encore quelques années, il s'élancera bien au dessus des murailles, et sa cime, large toiture de feuillage, remplacera l'ancienne toiture de tuiles. Puis, en avançant sur cette espèce de corniche, pénétrez dans la profondeur de cette ouverture, et considérez la vallée de Béthune, ses coteaux qui s'enfuient, et le clocher de Saint-Aubin-le-Cauf, souvenir du premier président Claude Groulard. L'énorme projectile engagé dans les briques de la tour du *Boulet*, est un souvenir d'une bravade tentée contre le château d'Arques par le duc de Mayenne, quelques jours après sa rude défaite à la maladrerie de Saint-Etienne ; il fut lancé par une couleuvrine gigantesque.

[1] Henri IV avait permis aux capucins et aux pénitents des Andelys d'enlever tous les matériaux du Château-Gaillard, dont ils pourraient avoir besoin pour réparer leurs couvents. « En 1616, Louis XIII craignant que le duc de Vendôme, « un des chefs du parti des mécontents, ne s'emparât des anciennes forteresses « de la Normandie, envoya au parlement de Rouen, le 22 février de la même « année, des lettres de cachet adressées au duc de Montbazon, pour qu'il eût « à s'occuper de la destruction du Château-Gaillard. L'ordre s'étendait aux restes « du fort Sainte-Catherine de Rouen. » (*Histoire du Château-Gaillard.*)

Un pont-levis, retrouvé parmi des décombres, est remis à sa place sous l'ancienne poterne, il y a là dans cette construction quelques fragments archéologiques, auxquels d'autres viendront bientôt se réunir; c'est le commencement d'un Musée local. Il est vrai que cette pierre tumulaire n'a pas été recueillie sur les lieux; les cendres qu'elles ont cessé de recouvrir ne reposent point à l'ombre de ces murailles célèbres, mais elles sont oubliées sous le sol d'une église voisine maintenant détruite. Voici l'épitaphe :

A LA MÉMOIRE DE FEU MESSIRE ALEXANDRE
DE RASSENT, CHEVALIER, SEIGNEUR-VISCOMTE D'ARCHELLES,
GOUVERNEUR POUR SA MAJESTÉ DE VILLE ET CHASTEAU
D'ARQUES, AGÉ DE 77 ANS, QUI MOURUT LE 18ᵉ
JOUR DE JUIN 1688.

Salut Messire Alexandre de Rassent! si maintenant votre poussière se ranimait, le sentiment pénible que vous éprouveriez, en voyant votre logement, ces casernes et ces magasins arrasés jusqu'au sol, serait vaincu par un sentiment agréable, puisqu'on rend hommage à la mémoire des anciens gouverneurs.

Le bas-relief de M. Gayrard, représentant Henri IV couronné par la victoire et par la France[1], est un bel ornement pour la poterne. Le monarque est monté sur son cheval de bataille, son panache flottant au vent, tel qu'on le vit sur ce coteau qui domine l'embouchure de la vallée d'Eaulne. Maintenant on représente les hommes de notre histoire avec leur véritable costume, on ne les affuble plus de vêtements grecs et romains; on se garde encore bien plus de remonter au delà des temps homériques, pour donner au fils de Jeanne d'Albret la pose et l'apparence d'un Hercule[2]; nos célébrités nationales sont

---

[1] Voir la *Revue de Rouen* 1845, deuxième semestre, p. 194.

[2] Comme cela se voyait à la fontaine de la place du Vieux-Palais de Rouen. « La masse de cette fontaine, lisons-nous dans *l'Histoire de la ville de Rouen*, « éd. de 1738, porte une grande figure d'Hercule, armé d'une grosse massue « et ceint d'une peau de lion. » Ce sujet bizarre n'a été remplacé qu'en 1782, par l'œuvre de Jadoulle. La statue de Louis XV qui se voit au grand escalier de l'Hôtel-de-Ville de Rouen, est bien loin de nous représenter le monarque avec le costume de son siècle.

assez grandes par elles mêmes, et n'ont pas besoin de reflets mythologiques.

L'accès du donjon est devenu facile depuis qu'on y a mis un escalier de bois, par lequel, sans le moindre danger, sans craindre même un faux pas, on peut arriver jusqu'auprès du puits, et considérer ce passage étroit où *quelques guerriers déterminés pouvaient arrêter une armée entière*[1]. En avançant de quelques pas, on rencontre une ouverture, d'où l'on peut considérer la partie occidentale du château et plonger ses regards dans la profondeur des fossés. La tour la plus voisine est d'origine Normande : aussi l'historien lui a-t-il donné le nom d'Aliénor de Bretagne. Pauvre Aliénor ! Elle était fille du comte Geoffroi et sœur d'Arthur. L'héritage paternel suscitait au frère et à la sœur de cruels ennemis. Un poète a représenté le jeune Arthur enviant la liberté des flots de la Seine[2]. Si Aliénor était détenue dans cette tour, elle n'apercevait pas les détours capricieux de la Béthune ; c'était vers la course rapide et aventureuse des nuages que ses désirs se portaient. Hélas ! elle ne fit que changer de prison après le meurtre de son frère, et l'on a dit que sa détention dura plus d'un demi-siècle. Le château d'Arques savait, avant le château de Cardiff, combien de larmes peuvent arriver dans les yeux des princesses.

Mais, si l'on veut être enveloppé d'une nuée de souvenirs, il faut redescendre, monter sur cette tour placée au sud-est, et profiter de cette plate-forme disposée tout exprès afin qu'on puisse saisir dans son ensemble la magnifique vallée d'Arques, depuis l'embranchement des vallées de Béthune et de Varenne jusqu'au champ de bataille, et depuis la colonne de la Maladrerie jusqu'à la ville de Dieppe ; délicieuse miniature, qui apparait dans le lointain, après les vastes prés salés, entre deux falaises, et sur le fond d'émeraude de la mer. Tout y est rempli du xvie siècle. Dans chaque vallon, sur chaque monticule, derrière chaque buisson, on croit apercevoir une escouade de combattants : car, sous le règne de François II et au commencement du règne de Henri III, ce n'étaient chaque jour qu'escarmouches, rencontres et guet-à-pens entre les disciples de deux croyances, les

[1] *Histoire du château d'Arques*, p. 299.
[2] Voir le recueil de M. *Evans*, intitulé : *Old ballads historical and narrative*, Londres, 1784, t. 4. n° 7.

avantages passant des uns aux autres ; Ricarville, capitaine du château d'Arques, contenant d'abord les religionnaires de Dieppe, ceux-ci venant assaillir le bourg, les catholiques exerçant des représailles, enfin les animosités de voisinage en faisant peut-être autant que les professions de foi [1]. Heureux les habitants d'Arques d'avoir eu le château pour les protéger.

L'histoire locale quoique se prêtant volontiers aux plus minces détails, ne mentionne qu'un petit nombre de ces engagements, ou plusieurs noms encore honorablement portés dans le pays ont dû figurer. Citons un des gouverneurs du château et bourg, dont la famille subsiste encore, François du Crottey, sieur d'Espiney, qui, en 1585, obtint des lettres de confirmation de noblesse, signées de la propre main de Henri III, roi de France et de Pologne, et dans lesquelles on établissait *qu'il auoit toujours faict bon et fidelle seruice à la tuition du chasteau et bourg d'Arques....... Il est notoire à plusieurs*, disait le monarque, *que par cy deuant, et depuis les derniers troubles de guerre aduenuz en nostre roiaulme, les dictz sieurs d'Espiney, père et filz, ont faict suffisante preuue du bon et fidelle seruice qu'ils ont faict à nous et au public en la défense et conseruation du chasteau et bourg d'Arques, sur la surprinse et escalade qu'on y a uoulu faire* [2], *où les dicts sieurs d'Espiney n'y ont espargné leur propre uie et biens, pour les tenir en nostre obéissance, qui sont vertus et louanges de noblesse, dignes de récompense à la postérité*.

Ce document conservé dans les papiers du chef actuel de la famille, nous parait bon à joindre à tant d'autres documents qui forment la gloire du château d'Arques. Nous sommes heureux, en le reproduisant, de signaler en même temps et surtout à la reconnaissance de la Société française pour la conservation des monuments, le nom de M. Jules Reiset, conservateur intelligent et plein de zèle.

Léon DE DURANVILLE,
Membre de la Société libre d'Émulation
de Rouen.

---

[1] *Histoire du château d'Arques*, par M. Deville; *Histoire de Dieppe*, par M. Vitet; *Mémoires chronologiques*, par Desmarquets.

[2] Il s'agit probablement d'une attaque tentée par le comte de Montgoméri, au commencement de l'année 1563. Les assaillants furent repoussés, mais ils pillèrent les maisons du bourg.

EXTRAIT

DE LA REVUE DE ROUEN ET DE NORMANDIE.
— Février 1848. —

ROUEN. — IMP. DE A. PÉRON.

LE HAMEAU DE POURVILLE,

(𝔄rrondissement de 𝔇ieppe.)

Lorsque Anne-Geneviève de Bourbon, duchesse de Longueville, sortit furtivement par la porte de secours du château de Dieppe [1], elle était suivie de quelques femmes, qui s'associaient à ses infortunes, de même qu'elles s'étaient identifiées à ses espérances ; les mémoires de Mme de Motteville nous apprennent aussi que quelques gentilshommes se firent un point d'honneur de l'accompagner; toutefois l'auteur ne nomme ni les uns ni les autres. Parmi les femmes, il faut reconnaître probablement la fidèle Mlle de Verpilière, que la duchesse affectionnait si sincèrement. Nous devons croire que les pas de Saint-Romain et du poète Sarrasin, ses ministres au petit pied, ceux de Nybong, de Frassy, de la Roque, ce capitaine des gardes du prince de Condé, retentirent sur les planches du pont-levis après les pas plus légers d'Anne-Geneviève. Il ne s'agissait point alors des conversations littéraires et si prétentieuses de l'hôtel de Rambouillet ; la guerre ne se faisait point à Benserade : à cette heure-là, Sarrasin, si vous songiez à composer des vers, ce n'était pas sur les deux sonnets qui partagèrent la cour et la ville. — En 1650, le bouquet de

---

[1] Voir l'*Histoire du Parlement de Normandie; Madame de Longueville*, article de Mlle A. Bosquet (*Revue de Rouen*, février 1847); les *Mémoires chronologiques pour servir à l'Histoire de Dieppe*, par Desmarquets, etc.

paille, emblême des Frondeurs, attirait bien plus les regards que la couronne sidérale de la muse Uranie.

Oh! si Robert de Hautot, ce terrible adversaire des Dieppois au XIVe siècle, ce vautour posté dans un vallon solitaire et terrifiant tout le voisinage, eût encore existé, la noble fugitive se serait approchée de son château-fort [1], en s'écriant : « Ouvrez, châte-« lain, c'est la fortune de la Fronde. » Peut-être même que, très consciencieusement convaincue de la bonté de sa cause, en considérant le royaume comme tout aussi intéressé que la Fronde elle-même à la réussite de ses projets, elle eût redit textuellement les paroles du premier des Valois : « Ouvrez, c'est la fortune de la France. » Robert de Hautot aurait abaissé son pont-levis ; incapable peut-être d'accueillir toute autre personne, même dans la détresse, il n'eût pas manqué de faire bonne réception à l'héroïne, et ses hommes d'armes eussent protégé la duchesse tout en servant la haine personnelle de leur maître contre les Dieppois.

Les auteurs de Mémoires sur les premières années du règne de Louis XIV [2] ne sont pas d'accord entre eux sur les circonstances de cette vie qu'elle mena depuis sa sortie du château de Dieppe jusqu'au moment où elle put s'embarquer et rejoindre Turenne à Stenai. On ne saurait dire à la suite de quel accident, toute trempée d'eau de mer ou d'eau douce, elle fut heureuse de recevoir l'hospitalité dans l'humble presbytère de Pourville, elle, la grande duchesse, qui se posait la rivale du grand ministre Mazarin. Si, conformément au dire de quelques chroniqueurs, le bon curé ne connut pas d'abord la personne à laquelle il rendait service, nous pouvons croire que sa curiosité fut largement éveillée par la visite d'une étrangère, que sa suite lui signalait comme étant de haut parage, et que les circonstances, l'heure insolite de son excursion, un temps de raffale et la nuit, lui montraient

---

[1] « Le castel seigneurial de Hautot, appuyé par de bonnes et solides mu-« railles, était défendu par de larges et profonds fossés remplis d'eau... Au-« jourd'hui ses ruines n'offrent plus, au milieu de landes incultes et stériles, « qu'une masse informe de cailloux et de ciment, entourés de buissons et de « bruyères : Ce lieu effraie par son aspect sauvage. » (Guilmeth, *Arrondissement de Dieppe*)

[2] Voir les *Mémoires de la duchesse de Nemours*, *de Monglat*, et les manuscrits concernant la ville de Dieppe, *etc.*

comme agissant sous l'influence d'une vie bien aventureuse. Nonobstant sa politesse et sa circonspection, il devait sortir de sa bouche quelques questions semblables à autant de traits lancés contre les voiles de ce mystère. Patience, maître Letellier, votre curiosité sera bientôt satisfaite : mais la manière dont le nom de votre hôtesse vous sera révélé, aura quelque chose de bien inattendu et de bien digne.

Le hameau de Pourville possède un monument historique sur lequel il est bon d'appeler l'attention. Tous ceux qui connaissent les aventures de la duchesse de Longueville ne savent pas qu'on peut encore franchir cette petite porte du plus petit presbytère qu'il y ait peut-être jamais eu en Normandie, et s'asseoir auprès de ce même foyer de grès, où se réchauffait Anne-Geneviève de Bourbon. Il est loisible d'y rêver à cette guerre de la Fronde, si éloignée de nous et de nos mœurs actuelles. Assez d'événements se sont passés en France pour qu'on ne s'entretienne pas tous les jours des douze cents barricades de 1648, des batailles d'Etampes et du faubourg Saint-Antoine. La presse politique du xixe siècle a fourni un nombre assez suffisant de facéties et de pamphlets, pour qu'on ne s'occupe guère des *Pièces de l'office de Mazarin*, du *Pater*, du *Décalogue*, du *Bréviaire*, du *Parlement burlesque de Pontoise*, du *Grand duel de deux damoiselles Frondeuses*, du *Dialogue de Polichinelle et du docteur Scatalon*, ces échantillons curieux de la littérature pamphlétique. Nous voyons paraître trop de feuilles mensuelles, hebdomadaires et quotidiennes, en l'an de grâce 1848, pour que le public littéraire songe encore à des publications telles que le *Courrier Français, traduit fidellement en vers burlesques*, le *Journal poétique de la Guerre parisienne, dédié aux conservateurs du roy, des loix et de la patrie*, la *Gazette des Halles*, de ces halles où régnait le duc de Beaufort, la *Gazette de la place Maubert*. Mais on se les rappelle volontiers et l'on en devise avec quelque plaisir auprès de la cheminée du presbytère de Pourville. A-t-on le bonheur de posséder seulement un feuillet détaché d'une de ces productions, qui eurent jadis tant d'échos : oh ! c'est à Pourville, auprès du vieux foyer de grès, qu'il faut le lire avec une véritable passion de bibliomane. Le *Courrier Extravagant* continuait-il encore sa course en 1650 ? Une gravure, placée en tête de sa première livraison, le représente lancé sur un cheval au galop, son panache flottant au vent avec sa longue chevelure, ses fontes étant

garnies de pistolets (car alors, en transmettant les nouvelles d'un parti, on s'exposait aux vengeances de l'autre), un cornet suspendu en bandoulière (on eût dit la trompette de la renommée : de même que la déesse de ce nom, ce courrier trouvait ses forces dans sa vitesse.) Oh ! pour lui l'aventure du hameau de Pourville eût été la plus excellente des bonnes fortunes. Il n'eût pas manqué de broder sur ce canevas, suivant la promesse qu'il avait faite à son premier départ : « Voilà, disait-il, les courses de mon imagination. Si vous
« les recevez de bon cœur, je mentirai la seconde fois bien mieux ;
« il me faut pardonner pour la première fois. Si vous considérez
« attentivement ces mensonges, vous trouverez quelque chose de
« vraisemblable, et confesserez qu'on peut mentir en vérité. »

Nous souhaiterions qu'on plaçât, sur l'ancien presbytère de Pourville, une table commémorative : le nom des Longueville est célèbre en Normandie, et mérite cet honneur. La réalisation de ce vœu rentrerait dans les intérêts de la ville de Dieppe, qui, dans la belle saison, n'indique pas toujours à ses baigneurs autant de buts de déplacement que ceux-ci le désireraient. Il y aurait affaire de bon ton à rechercher les traces d'une femme qui tenait, à l'hôtel de Rambouillet, le dé du bel esprit, et qui, malgré son peu de naturel et ses étiquettes raffinées, exerçait, avec ses beaux yeux, un empire magique. Des cavalcades se dirigeraient vers Pourville, comme elles se sont dirigées jusqu'à présent vers les ruines d'Arques ou vers le phare de Varengeville. S'il y a contestation sur le chapitre de quelques frais, de bien mince valeur après tout, nous dirons que, à défaut de la ville de Dieppe, la commune de Hautot, sur le territoire de laquelle se trouve le hameau de Pourville, trouverait avantage en les prenant sur son budget : cela lui attirerait des étrangers. On sait que ceux-ci contribuent souvent à la prospérité des lieux qu'ils visitent : ils réclament au moins un *albergo* pour quelques instants ; puis l'industrie du *cicerone* se développe autour d'eux, et cette industrie, quoique exercée fort souvent par des charlatans, qui débitent à beaux deniers comptants une science de fort mauvais aloi, est toujours une industrie qu'on peut exercer honnêtement, sans falsification aucune, et dans des conditions véritablement utiles.

Le site de Pourville, quand même il ne retiendrait pas un souvenir de la Fronde, pourrait exercer les crayons des artistes. Si Walter Scott l'eût connu, certes, il n'aurait pas omis d'y placer une scène de contrebandiers ; car il y a là une de ces criques qu'il aimait à décrire. Le sol des côteaux est extrêmement bouleversé : c'est, du reste, ce qu'on remarque sur plusieurs points des environs de Dieppe, au Mont-de-Caux, à l'ancienne maladrerie de Bonne-Nouvelle. Les eaux de la Scie, après avoir coulé paisiblement dans un beau canal, entre deux prairies bien vertes, se creusent un lit profond au milieu des montagnes de galets ; roulant avec une impétuosité torrentielle et redoublant leurs méandres comme autant d'obstacles, elles peuvent faciliter, pendant les ténèbres, la marche craintive de ceux qui veulent échapper aux regards : mais, quand elles se sont éloignées de ce corps-de-garde de la douane, seul point de rappel sur le côté droit de la vallée, elles glissent sans bruit sur la grève, à l'épaisseur de quelques centimètres seulement, elles qui, cinq ou six mètres plus haut, effrayaient par leur volume et leur course rapide. C'est ainsi que finit cette rivière, qui passe auprès de l'ancienne forteresse des ducs de Longueville, et rencontre ensuite sur son passage un autre lieu fortifié, Charlemesnil, construit par un sire d'Estouteville, l'une des conquêtes de Talbot avant la prise de Dieppe, puis le vaste et beau domaine de Miromesnil, avec ses immenses futaies, bien dignes d'accompagner la demeure d'un chancelier de France.

On dirait qu'une seule et même famille est venue fixer ses pénates à Pourville. Ces quinze ou vingt maisonnettes agglomérées, cette petite chapelle dans toute sa fraîcheur, puisqu'elle n'a point encore reçu ce baptême que la religion donne aux temples ainsi qu'aux fidèles ; ce petit enclos d'une pauvre famille, qui veille sur cette chapelle comme sur un trésor ; au-dessus, le pignon de l'ancien temple, semblable au vieillard qui ne veut pas quitter l'enfance quand elle réclame encore sa protection ; plus loin, la mer vermeille sous un ciel d'azur, la falaise d'une blancheur éclatante ; puis, dans le lointain de l'horison, des voiles non moins blanches, toutes ces choses réunies donnent à l'aspect quelque chose de romantique. Aussi les habitants du voisinage aiment-ils à placer Pourville dans une atmosphère de merveilleux ; ils disent que c'est le séjour chéri des démons et des sorcières, et que, pour se faire pêcheur à Pourville, mieux vaut être filleul d'une fée que d'un évêque. « Un tel site, nous dit M. Vitet, est plus fantastique que l'imagination d'Hoffman, et que toutes les rêveries de la poésie du Nord [1]. »

Les visiteurs de Pourville, après avoir recomposé la Fronde, après avoir salué l'ombre de sa belle héroïne, pourront examiner les envahissements de la mer qui menace de renverser le phare de Varengeville, et qui, dans quelques années, aura remporté victoire. Déjà le hameau de Pourville est moins considérable qu'il ne l'était autrefois : les dimensions de son ancienne église l'indiquent ; puis, on voit des vestiges d'habitations abandonnées. Les habitants ont-ils été contraints successivement de battre en retraite devant le terrible élément ? Ou bien la mer, rompant ses digues, est-elle venue subitement dans un jour de tempête, frapper Pourville au cœur, comme l'ont été, dans le dernier siècle, Saint-Pierre-en-Port, et les petits ports du littoral [2] ?

Achevons l'historique de Pourville, et mentionnons que les Anglais, appelés en France, à la suite des troubles qui déchiraient ce malheureux pays, pendant la démence de Charles VI, y débarquèrent, en juin 1412, et se dirigèrent sur Dieppe, pendant que leur flotte bloquait cette ville par mer. Une tradition mensongère veut que le célèbre S. Thomas de Cantorbéry ait mis pied à terre à Pourville, lorsqu'il fuyait le courroux de Henri II. Le fait est controuvé : ce fut à Dieppe que débarqua ce défenseur intrépide des droits de son église. Mais, dès-lors qu'on conserve encore religieusement son souvenir à Pourville, ne peut-on pas supposer, quoique sans aucune preuve, que, dans un de ses jours d'exil, lorsqu'il frappait à tant de portes pour demander un asile, il y ait fait une halte. Si, plus tard, une autre fugitive paya l'hospitalité en stipulant une redevance annuelle,

---

[1] *Histoire de Dieppe*, t. II.

[2] Une horrible tempête fit, dit-on, chavirer toutes les embarcations qu'ils avaient envoyées en mer ; elles périrent corps et biens : c'était la veille de la Saint-Jean-Baptiste. « Ce jour-là, dit M. l'abbé Cochet, Veulettes, la Durdent, « Saint-Pierre, les Dalles et Bruneval, perdirent toute leur marine. Aux « Dalles, quatorze bateaux périrent. A la vue d'un si grand désastre, la déso- « lation fut dans le pays, et elle fut extrême. Que de veuves ! Que d'orphelins ! « Au bout d'un siècle, le souvenir de ce malheur est encore vif : il restera « longtemps dans la mémoire des hommes. » (*Le Havre et son Arrondissement*, 1843, article de *Bruneval*.)

le prélat put la payer en faisant l'aumône de quelque bonne œuvre, et, sept siècles après sa mort, de dévots pèlerins vénèrent encore sa mémoire.

En terminant, résumons nos vœux et souhaitons :

A l'ancien presbytère du curé Letellier, une table commémorative ;

Aux ruines de son église, conservation ;

A la petite chapelle, consécration ;

Au souvenir de S. Thomas de Cantorbéry, maintien, quoique sans superstition aucune (ce qui est peut-être demander beaucoup) ;

Au hameau de Pourville, défense contre les envahissements de la mer ;

Et encore au hameau de Pourville, des visiteurs.

Si ce hameau est peu de chose, c'est une raison de plus pour qu'on s'en occupe : sa petitesse fait mieux ressortir le dénuement où se trouvait la fille des Condés, dans la nuit du 8 au 9 février 1650. Souhaitons donc des visiteurs au hameau de Pourville, surtout dans la saison des baigneurs et des touristes, gens qui n'observent pas toujours les choses avec une grande attention quand elles sont de pure science, mais qui, par cela même qu'ils circulent beaucoup, sont propres à disséminer des souvenirs de bonne et très exquise compagnie : or, la duchesse de Longueville est du nombre de ces grandes dames qui en ont laissé de ce genre, et qui plaisent aux imaginations des voyageurs, parce que leur vie fut aventureuse et agitée.

Léon DE DURANVILLE,
Membre de la Société libre d'Émulation
de Rouen.

EXTRAIT

DE LA REVUE DE ROUEN ET DE NORMANDIE.
— Septembre 1848. —

Rouen. Imp. de A. Péron.

LINA - RENEE MOUCHOT - DUPRAT
CHALONS S MARNE . 1942

www.ingramcontent.com/pod-product-compliance
Lightning Source LLC
Chambersburg PA
CBHW060455050426
42451CB00014B/3344